Christian Fürchtegott Gellert

Von den Trostgründen wider ein sieches Leben

Christian Fürchtegott Gellert

Von den Trostgründen wider ein sieches Leben

ISBN/EAN: 9783743618022

Hergestellt in Europa, USA, Kanada, Australien, Japan

Cover: Foto ©ninafisch / pixelio.de

Manufactured and distributed by brebook publishing software
(www.brebook.com)

Christian Fürchtegott Gellert

Von den Trostgründen wider ein sieches Leben

Von den
Trostgründen
wider
ein sieches Leben,
von
C. F. Gellert.

Mit Römisch = Kayserl. Königl. Preußischen und Churfürstl.
Sächsischen allergnädigsten Freyheiten.

Leipzig,
verlegts Caspar Fritsch,
1767.

Von den Trostgründen
wider ein siethes Leben.

Ich halte es nicht für unnöthig, meinen Lesern
zu sagen, ehe ich mit ihnen von den Trostgrün=
den wider ein siethes Leben rede, daß ich selber
mit diesem Uebel seit verschiedenen Jahren beschweret
bin. Es ist wahr, daß ich deswegen nicht gründli=
cher, deutlicher und ordentlicher von diesen Gründen
handeln werde, als ein anderer; aber vielleicht kann
man kräftiger und nachdrücklicher von einer Sache spre=
chen, wenn man sie selber empfunden hat. Es giebt
eine gewisse Beredtsamkeit des Herzens, die nicht so
wohl durch den Verstand erzeugt, als durch die inner=
liche Empfindung unterstützet wird. Sie erwecket die
Aufmerksamkeit und das Vertrauen des Andern. Und
wie viel hat derjenige nicht gewonnen, der seine Leser in
diese Gemüthsverfassung setzen kann! Sie werden die
Wahrheit noch einmal so begierig annehmen, als sie
nicht thun würden, wenn er sie gleich durch die bered=
teste und tiefsinnigste Abhandlung in Erstaunen und
Bewunderung gesetzet hätte. Wenn dieses seine Rich=
tigkeit hat: so muß es denen Kranken, die man beru=
higen will, lieber seyn, den zu hören, dem die Erfah=
rung und innerliche Ueberzeugung zu Hülfe kömmt, als
einen, der diesen Vortheil entbehrt. Wie glücklich
will ich mich schätzen, wenn ich meinen siethen Mitge=
sellen die Last, unter der sie seufzen, durch diese Schrift
in etwas erleichtere! Diese Absicht hoffe ich um desto
eher zu erreichen; je weniger ich durch diese Blätter nach
dem Ruhme des Witzes und der Gelehrsamkeit strebe,

A 2   der

der uns oft verführt, mehr für das, was gefällt, als
für das Wahre und Nützliche bey unserm Unterrichte
zu sorgen. Ich selber will mich mit befriedigen, in=
dem ich andere zu beruhigen suche, und eben diese Be=
mühung soll mir zu einem neuen Trostgrunde bey sie=
chen Stunden dienen.

Wir sagen meistentheils, daß derjenige ein sieches
Leben führe, der mit gewissen Plagen des Körpers
belästiget ist, die ihn nie ganz verlassen, oder doch
selten von ihm weichen; der viele Jahre, oder die größ=
te, oder die ganze Zeit seines Lebens mehr krank, als
gesund ist. Da eine Krankheit an und für sich schmerz=
hafter ist, als die andere; da sie hier länger anhält,
als dort; hier öfter kömmt, dort geschwinder weicht;
bey diesem mehr Theile angreift, als bey dem andern;
hier mehr die Kräfte des Leibes, dort zugleich die Kräf=
te des Gemüths schwächt; dem einen fast alles Ver=
gnügen des menschlichen Lebens raubt; dem andern
noch gute Stunden gönnt; kurz, da sich sowohl bey
den Krankheiten, als bey den äußerlichen Umständen
derselben eine große Ungleichheit findet; so scheint es,
daß man so viele besondere Trostgründe aufsuchen müß=
te, als sieche Menschen sind. Allein wenn auch diese
Mühe nicht unmöglich wäre: so ist sie doch nicht nö=
thig. Alle, die ein sieches Leben führen, lassen sich
bey ihrer großen Ungleichheit doch darinne mit einan=
der vereinen, daß sie ihren Zustand für ein Uebel hal=
ten, und sich die Befreyung von demselben wün=
schen. In so weit kann man einerley Mittel für sie
alle brauchen. Alles, was daraus folget, ist, daß
es bey dem einen mehr oder weniger, geschwinder oder
langsamer, wirken wird. Nachdem der Trost mehr
oder

oder weniger Widerſtand finden wird, nachdem wird
er mehr oder weniger ausrichten. Bey allen muß
er doch die Kraft haben, ſie größten Theils zu beruhigen, die Hinderniſſe mögen ſo ſtark ſeyn, wie
ſie wollen, wenn er anders ein vollſtändiges Mittel
ſeyn ſoll.

Es giebt einen andern Unterſchied bey den ſiechen
Tagen der Menſchen, der mehr zu ſagen, und einen
größern Einfluß in die Troſtgründe hat. Das Uebel
eines ſiechen Lebens hat verſchiedene Quellen. Es
kann entweder eine Schuld der Natur; oder ein beſon-
deres Verhängniß von Gott ſeyn; oder es kann von
unſern, oder von den freyen Handlungen anderer herrühren. Oder es kann endlich in Anſehung unſerer
Gewißheit eine unbekannte Quelle haben, das heißt,
wir können nicht wiſſen, wem wir es eigentlich zuſchrei-
ben ſollen.

Man ſieht leicht, daß vier Perſonen, die aus
vier verſchiedenen Urſachen ſich mit einem ſiechen Körper tragen, nicht aus einem und eben demſelben Grun-
de ſich aufrichten können. Welcher Unterſchied herrſcht
nicht blos unter denenjenigen, die ſich ſelber für die Ver-
wüſter ihrer Geſundheit halten müſſen! Bald können
wir aus Schwachheit des Verſtandes, bald aus Ueber-
eilung, bald durch vielen Fleiß in Geſchäften, bald
durch einen plötzlich erregten Affect, bald durch flüchtige Laſter, bald durch lange Unordnung und anhaltende Thorheit uns einen ſiechen Körper zugezogen haben. Wie viele haben ſich nicht durch eine gut gemein-
te Arzney, durch einen unvorſichtigen Trunk, durch
einen plötzlichen Zorn, durch eine ungeſtüme Rachſucht
um die Geſundheit gebracht! Wird ſich nicht von die-

ſen

sen immer einer leichter, oder schwerer, trösten können, als der andere?

Wer sich also bey einem siechen Leben mit Nach-druck trösten will, der muß genau untersuchen, wem er dieses Uebel zuzuschreiben habe. Ein Mensch, der durch allerhand Ausschweifungen sein eigner Peiniger geworden ist, bey dem die Laster ein quälendes Gift in seinen Säften zurück gelassen haben, und der aus Be-trug des Herzens sein Elend zu einer göttlichen Schi-ckung macht, wird durch diese Vorstellung niemals recht ruhig werden. Es wird sich stets ein heimlicher Widerspruch in ihm regen, der dem Trostgrunde, daß ihm Gott aus heiligen Ursachen die Last aufgeleget ha-be, seine Kraft rauben wird. Er wird zu gewissen Stunden glauben, daß er getrost sey, und wird in kurzer Zeit, wenn sein Gewissen zu reden anfängt, eine Unru-he des Geistes fühlen, die gar nicht weichen will, so sehr er sie sich auch durch den Gedanken von dem göttlichen Verhängnisse zu vertreiben sucht. So viel als ein bal-samisches Pflaster auf einer gereinigten Wunde nützen wird: so wenig wird es da helfen, wo die Fäulniß durch scharfe Mittel noch nicht gehoben ist. Wer aus na-türlicher Schwermuth und Furchtsamkeit die Leiden sei-nes Körpers für selbstgemachte Plagen und für den Lohn seiner Thorheit ansieht, da es doch Folgen der Be-schaffenheit seiner schwachen Natur, oder göttliche Schi-ckungen sind, der wird die Bangigkeit seiner Seele eben so wenig bestreiten, als ein Mensch, der durch sein wal-lendes Blut in eine furchtsame Einbildung im Schlafe geräth, und doch glaubt, daß er von bösen Geistern beun-ruhiget werde.

Indessen muß ich gestehen, daß der Rath, die Quel-len seines siechen Lebens wohl zu untersuchen, gar nicht

so

ſo leicht iſt, als es ſcheint. Oft ſteht uns die Unmög=
lichkeit, oft die Eigenliebe im Wege, wenn wir auf den
Grund unſerer ſiechen Tage zurück gehen wollen. Und
eben die Ungewißheit, daß wir nicht einſehen können,
ob unſere Schmerzen Früchte unſerer eigenen Thorheit
und Bosheit, oder Wirkungen der natürlichen Geburt,
oder heilſame Plagen von Gott, oder die Schulden an=
derer Menſchen ſind; eben dieſe Ungewißheit ſchlägt uns
oft am meiſten nieder. Wie bald würde der traurige
Philet, der ſich kaum zu laſſen weis, dahin gebracht
werden, ſein Leiden geduldig zu ertragen, wenn man ihm
zeigen könnte, daß es ihm Gott oder die Geburt aufge=
legt habe, und daß er ohne Schuld ſey! Wie bald würde
Charinus, der die Güte Gottes und ſeine harten Pla=
gen des Leibes nicht mit einander vereinen kann, vieles
von ſeinem Unmuthe fallen laſſen, wenn er überführt
werden könnte, daß nicht ſowohl die göttliche Fügung,
als er ſelbſt die Urſache ſeiner Schmerzen ſey! Allein es
iſt in vielen und vielleicht in den meiſten Fällen ſchwer
auszumachen, ob unſere Siechheit ein durch unſere
Schuld verurſachtes Uebel, oder ein von Gott verord=
netes oder verhängtes Elend ſey. Chremes genießt bis
in ſein zwanzigſtes Jahr einer guten Geſundheit. Von
dieſer Zeit an wird er mit ſchmerzhaften Zufällen ge=
plagt, welche ſich mit den Jahren immer feſter ſetzen,
und ihn, ſeiner Vorſorge und ſtrengen Lebensart unge=
achtet, zu einem lebendigen Gerippe machen. Er ge=
ſteht, daß er in ſeinen jungen Jahren verſchiedene Aus=
ſchweifungen im Trunke, oder in der Wolluſt begangen
habe. Allein, fährt er fort, mein Vater war auch ſiech.
Woher weis ich, ob ich mein Uebel nicht vielmehr durch
das Blut geerbet, als mir durch meine Thorheiten zu=
gezogen habe. Mein Freund, Portius, der zehn Jahre

A 4 älter

älter ist, als ich bin, und wohl zwanzig Jahre der Trun-
kenheit und der Wollust ergeben gewesen, fühlet so wenig eine Abnahme an seinen Kräften, daß er sich vielmehr recht wohl befindet. Und ich soll durch etliche
Ausschweifungen mich um den Besitz der Gesundheit
gebracht haben? Es kann seyn; aber wo weis ichs? Es
ist wahrscheinlich; aber ist das Gegentheil nicht auch
wahrscheinlich? Kann ich nicht die Schuld der Natur
an meinem Leibe tragen? Cleon ist von Jugend auf
siech gewesen; aber mit den Jahren wächst das Uebel.
Er hat einen ordentlichen Wandel geführet. Allein er
erinnert sich doch verschiedener Thorheiten und Schwach-
heiten. Und wer ist so rein, daß ihm sein Gewissen keine offenbaren Vergehungen vorrücken sollte? Cleon
fragt nicht nach dem Ursprunge seines Elendes. Er will
nur wissen, ob er es nicht durch diese oder jene That vermehret habe, oder noch vermehre. Er sieht auf der einen Seite tausend Ursachen, die wider unsere Schuld
eine eingewurzelte Krankheit vergrößern. Auf der andern Seite sieht er seine eigene Thorheiten. Auch diese
können das ihrige beygetragen haben.

Wäre es nicht stets unmöglich, hinter die wahren
Ursachen zu kommen: so macht doch unsere Eigenliebe
dem Verstande tausend Blendwerke vor, durch welche
er nicht durchdringen kann. Keiner will gern die ganze
Ursache seines Unglücks seyn. Ist er sehr billig, so will
er nur einen Theil der Schuld tragen. Einem andern
fällt dieses schon schwer. Und so gern als wir alle glücklich seyn wollen, eben so gern wollen wir auch, wenn wir
leiden, unschuldig leiden. Dieses Verlangen macht uns
erstlich sinnreich, durch allerhand Ausflüchte die Schuld
von uns abzulehnen, und zugleich macht es uns blind,
die Ursache zu sehen, die wir nicht gern sehen wollen.

Kurz,

Kurz, wir bleiben bey einer aufrichtigen Prüfung ent=
weder noch ungewiß, und dieses ist schon Elend genug.
Oder wir versehen uns, und halten unvermeidliche
Uebel für solche, die wir uns verursachet haben. Dieses
vermehret ohne Noth unsere Traurigkeit. Oder wir
klagen Gott und die Natur an, wo wir uns beschuldi=
gen sollten, und stärken durch diese Klagen unsern Un=
muth. Oder wir richten uns mit der göttlichen Schi=
ckung auf, und fühlen doch, weil wir selbst Schuld sind,
nie eine wahre Beruhigung. So wahr dieses und je=
nes ist, um desto mehr müssen wir sorgfältig den Grund
des Verlusts unserer Gesundheit untersuchen. So
schwer es ist, so folgt doch nichts daraus, als daß wir
desto behutsamer bey dieser Prüfung verfahren müssen.
So wenig als wir endlich allemal zu einer völligen Ge=
wißheit kommen werden: so viel gewinnen wir doch,
wenn wir wissen, daß wir uns alle Mühe gegeben haben,
sie zu erlangen. In diesem Falle kann die Ungewißheit
ein Glück für uns werden. Vielleicht sind wir die einzi=
ge Ursache unsers ungesunden Lebens. Sähen wir die=
ses gewiß ein, so würden wir aus natürlicher Gemüths=
beschaffenheit oft gar nicht getröstet werden können.
Die Vorsicht hat unstreitig aus großer Güte viele Ur=
sachen unsers Unglücks mit einem Vorhange umzogen,
weil viele den Anblick derselben gar nicht zu ertragen
fähig seyn würden. Ob nun gleich die meisten siechen
Menschen nicht mit vollkommener Gewißheit die Ursa=
chen ihrer Schmerzen entdecken werden: so darf sie doch
dieses gar nicht abhalten, gar keinen Ausspruch zu thun.
Wo wir zu keiner völligen Gewißheit gelangen können,
da ist die Wahrscheinlichkeit so gut, als die ausgemach=
te Wahrheit. Damon, der zehn, oder noch mehr Jahre
sehr unmäßig gelebet, und seiner Natur schon in ihrer

Blüte alles das abgedrungen hat, was sie kaum leistet, wenn sie reif ist; dieser Damon zweifelt, wem er seine erschöpften Kräfte, seine vertrockneten Lebensgeister, seinen Krampf in den Gefäßen des Leibes zuschreiben soll. Und was hält ihn ab, daß er sich und seine begangene Laster nicht zur Ursache davon macht? Eine schwere Krankheit, die er in seinem achten Jahre ausgestanden; ein Fall von einem Baume, den er in seinem zehnten Jahre gethan. Wer weis, sagt er, was jene langwierige Krankheit für ein schleichendes Gift in mir zurück gelassen hat, das itzt erst anfängt zu wirken! Wer weis, was der hohe Fall in dem Baue der zarten Nerven verletzet hat, daß mein Körper nunmehr so sichtbar untergehet! Damon hat nicht Ursache, länger ungewiß zu bleiben. Seine Krankheit, sein Fall in der Jugend sind entfernte Ursachen. Man kann ohne diese Dinge durch bloße Unmäßigkeit sich schon in das siechste Leben stürzen. Warum will er also nicht glauben, daß er sein eigener Verderber gewesen sey? Oder woher kann er vermuthen, daß sein Leib nicht weit dauerhafter gewesen seyn würde, wenn er ihn durch anhaltende Ausschweifungen nicht selber verwüstet hätte? Gesetzt, er wäre, wenn er auch vernünftig gelebt hätte, mit dem Anwachse der Jahre eben so siech geworden: so hat er doch nur eine Möglichkeit vor sich. Diese kann ihn, wenn er vernünftig ist, nicht verhindern, einer Wahrscheinlichkeit Gehör zu geben. Und so gewiß es auch in den Augen Gottes seyn möchte, daß sein Fall von dem Baume ihn siech gemacht: so wird er doch in seinem Herzen nie ruhig werden können, wenn er nicht glaubt, daß er durch seine Ausschweifungen sich selber entkräftet habe.

Wir können nunmehr das Geschlecht der Siechen in zwo Hauptlinien theilen. In der einen stehen diejenigen,

nigen, die es gewiß oder doch wahrſcheinlich wiſſen, daß
ſie Schuld an ihrem Leiden ſind, oder nicht.   In der
andern diejenigen, die es weder gewiß, noch mit zuläng=
licher Vermuthung wiſſen können.   Beide Arten tren=
nen ſich im Anfange auf dem Wege zu ihrem Troſte,
und beide kommen doch endlich wieder zuſammen.   Wir
glauben durch dieſe Erinnerungen uns die Bahn zu der
Anzahl der Troſtgründe geöffnet zu haben.   Man kann,
wenn man alle, die ſiech ſind, aus einem gewiſſen Ge=
ſichtspunkte betrachtet, ſagen, daß es nur einen Troſt=
grund für ſie alle giebt.   Und man redt ſehr wahr.   Man
kann aber auch ſagen, daß es zwo Gattungen der Troſt=
gründe, ja, daß es ſo viele Arten derſelben giebt, als
Perſonen ſind, und man redt nicht unrecht.

Allein was heißt tröſten? Was iſt ein wahrer
Troſtgrund? Vielen wird dieſe Frage unnöthig ſchei=
nen. Man glaubt, daß man gewiſſe Wörter ſehr wohl
verſtehe, weil man ſie täglich im Munde hat.   Und es
ſind doch oft in ihrer Bedeutung keine ungewiſſer, als
diejenigen, deren ſich alle bedienen.   Wie uneinig wür=
den die Beſchreibungen ausſehen, wenn man zehn Per=
ſonen ſagen ließe, was tröſten hieße? was Troſtgründe
wären? So viel iſt gewiß, keiner von denen, welche
einen tröſten wollen, will eigentlich die Schmerzen des
Leibes ſtillen, ſondern nur des Geiſtes, die aus jenen
entſtehen.   Will man nun ſagen, tröſten hieße, die
Schmerzen oder Seelen vertreiben, oder lindern, die aus
dem Leiden des Leibes bey einem ſiechen Menſchen ent=
ſpringen: ſo fragt ſichs nur, wie man dieſe verringern
oder heben kann, wenn man jene nicht vermindert oder
wegſchaft? Gleichwohl muß tröſten, wenn es etwas
heißen ſoll, eben dieſes bedeuten.   Und wir ſehen kein

Mittel

Mittel dazu, als die Vorstellungen und die Kraft ge-
wisser Wahrheiten.   Wenn die Unruhe der Seele nur
in gewissen Vorstellungen des Geistes bestünde; so ließe
sichs leicht begreifen, wie eine Vorstellung durch die andere könnte vermindert werden.   Allein diese Unruhe ist
mit einer Empfindung verknüpft. Und wie wird sie durch
eine bloße Vorstellung des Verstandes können unter-
drückt werden! Orgon ist zum Exempel lange Zeit mit
heftigen Steinschmerzen geplagt.   Seine Seele leidet
mit, weil sein Körper leidet.   Der andere, der seinen kör-
perlichen Schmerzen nicht wehren kann, will doch die
Bangigkeit seiner Seelen lindern.   Er will ihn trösten,
und zwar durch die Vorstellung einer Wahrheit.   Er
sagt ihm in der stoischen Sprache, daß die Schmerzen
des Leibes kein Uebel wären, und daß der Besitz des
wahren Guten nur in der Tugend bestünde.   Wer diese
hätte, der wäre von allem Uebel frey.   Ich will annehmen, daß Orgon diesen Satz glaubt.   Was wird entste-
hen? Sein Verstand sagt ihm, daß er nicht unglücklich
ist, und seine Empfindung behauptet, daß ers ist.   Er
will die trüben Wolken seines Geistes durch das Licht
der Wahrheit brechen, und es steigen aus seiner Empfindung stets neue auf.   Er will es gern glauben, daß
er nicht elend ist, und er wird doch genöthiget, es für
wahr zu halten. Was hilft mirs, daß man mir sagt, der
Schmerz ist kein Uebel? Hört deswegen mein Gefühl
auf? Wenn also durch die bloße Vorstellung in Gedanken kein Schmerz, den ich wirklich fühle, aufgehoben
oder gelindert werden kann: so ist kein Weg des Trostes übrig, als daß ich Empfindungen mit Empfindungen vermindere oder vertreibe.   Das heißt, wenn ich
meinem Verstande nicht solche Wahrheiten vorhalten
kann, die eine angenehme Empfindung in meiner Seele

wir-

wirken: so werde ich ihren gegenwärtigen Schmerz nie
vermindern. Irre ich nicht, so ist dieses die wahre Ge-
stalt des Trostes. Die Erfahrung mag Zeuge seyn.
Philemon hat tausend Thaler verloren. Er sieht dieses
Geld für ein nothwendiges Stück seiner Zufriedenheit
an. Man sage ihm noch so viel von der Nichtigkeit der
sinnlichen Güter vor. Man zeige ihm sonnenklar, daß
sie nicht glücklich machen. Wird man ihn dadurch beruhigen? Er entbehrt mit diesem Gelde vieles von seinem
Vergnügen, von seiner Bequemlichkeit. Dieser Verlust
kränkt seine Begierde, glücklich zu seyn, und verursacht
ihm unangenehme Empfindungen, die nicht aus bloßen
Vorstellungen, sondern aus einem wirklichen Verluste
herrühren. Wie kann nun die Betrachtung von der Eitelkeit der Güter den Mangel des Vergnügens und der
Bequemlichkeit ersetzen, worinnen Philemon sein Glück
sucht? Man mache ihm hingegen Hoffnung, daß er die
verlornen tausend Thaler zweymal, oder daß er wenig-
stens eben so viel bald wieder gewinnen werde, so wird
er sich leicht zufrieden geben. Und woher dieses? Man
hat Empfindungen mit Empfindungen bestritten. Die
Vorstellung, daß er gewinnen würde, blieb nicht bloß
im Verstande, sie drang in das Herz. Die Einbildung
zeigte ihm alle die Vortheile so lebendig, daß er das
Vergnügen der Hoffnung schmecken mußte. Auf diese
Art bestritt ein wirkliches Vergnügen ein wirkliches
Misvergnügen. Der Kranke, dem die Natur den Besitz der Gesundheit nicht gegönnet hat, weis heute die
Traurigkeit seines Geistes nicht länger zu unterdrücken.
Sein Freund will ihn mit dem Trostgrunde der unum-
gänglichen Nothwendigkeit aufrichten. Sie, spricht er,
helfen sich nichts durch ihren Unmuth. Sie vermehren
nur die Schmerzen des Leibes dadurch. Fassen Sie sich
in

in Gebuld. Es iſt nicht zu ändern. Dieſe Welt iſt die
beſte. Gott hat ſie einmal ſo geordnet, und was er
macht, iſt gut, und kann nicht geändert werden. Die
Welt, ſollte ſie das ſeyn, was ſie iſt, konnte ohne ſieche
Menſchen nicht ſeyn. Was wird der arme Kranke für
eine Beruhigung daraus ziehen können, daß ſein Uebel
ein unvermeidliches Elend iſt? leidet der weniger, der
da weis, daß er leiden muß? Man überführe ihn hingegen, daß ihm Gott in kurzer Zeit eine dauerhafte Geſundheit geben wird: ſo wird er die größten Schmerzen mit einer gewiſſen Freudigkeit des Geiſtes ertragen.
Das Gefühl der Hoffnung macht den Geiſt munter,
und der Schmerz des Leibes kann den ganzen Raum der
Seele, daß ich ſo rede, nicht mehr einnehmen, weil eine
Seite davon mit dem Vergnügen einer lebendigen Hoffnung angefüllet iſt. Man nehme tauſend Exempel zu
Hülfe: ſo wird ſich bey allen zeigen laſſen, daß derjenige am ſicherſten und kräftigſten tröſtet, der die ſicherſte
und ſtärkſte Hoffnung erwecken kann. Und zwar daher,
weil die Hoffnung allezeit mit einem gegenwärtigen
Vergnügen verknüpft iſt. Tröſten wird alſo überhaupt
ſo viel ſeyn, als eine lebhafte Hoffnung in dem Herzen
des Elenden erwecken, daß er noch glücklich werden wird.
Wenn dieſes ſeine Richtigkeit hat: ſo wird ſichs von
ſich ſelber geben, daß dieſes die beſten Troſtgründe ſind,
die uns die ſtärkſte und meiſte Hoffnung, glücklich zu
werden, einflößen. Es kömmt hier auf zweyerley an.
Die Hoffnung muß lebendig, und auf eine unfehlbare
Gewißheit gegründet ſeyn, ſonſt wird ſie keine Empfindung des Vergnügens wirken können. Das Glück, das
ſie mir verſpricht, muß entweder eben das ſeyn, was ich
mir wünſche, und was ich entbehre, oder es muß gar
noch größer ſeyn. Alle diejenigen Troſtgründe, die zu
die-

dieſem Zwecke nicht geſchickt ſind, verdienen den Namen
der wahren Tröſtungen nicht. Es wird ſich nunmehr
leicht zeigen laſſen, daß die Religion allein die wahren
und beſten Troſtgründe in den Händen hat. Alle Ver=
nunft, alle Philoſophie erreicht das Große und Erhabene
nicht, womit uns die Religion aufrichtet.

Indem ich dieſes behaupte: ſo ſehe ich verſchiedene
Gattungen von Widerſachern wider mich aufſtehen.
Einige, denen alles verächtlich und zuwider iſt, was aus
der Religion kömmt, werden dieſen Satz für unrichtig,
und mich für einen frommen Schwätzer halten. Andere,
welche die Religion eben nicht haſſen, aber auch zugleich
die Vernunft nicht ſowohl wegen ihrer Stärke lieben,
ſondern weil ſie unſerm Stolze zu Hülfe kömmt, werden
mir vorwerfen, daß ich die Religion auf Koſten der Ver=
nunft erhöbe. Andre, welche die Religion aus gutem
Herzen, aus einer geheimen Ehrfurcht, die oft mehr von
der Erziehung, als von der Ueberzeugung herkömmt, gern
bey ihrer Hoheit laſſen, werden mir ſagen, daß ſie die Kraft
derſelben, uns zu tröſten, nicht läugneten, aber daß ſie ſo
unglücklich wären, ſie nicht zu fühlen.

Ich will dieſen dreyen ſo gut antworten, als es ihre
Einwürfe verdienen. Derjenige, der die Religion, entwe=
der aus Mangel der Einſicht, oder aus Begierde, ſich alles
zu erlauben, für nichts göttliches hält, kann unmöglich
mit der Meynung zufrieden ſeyn, daß ihre Wahrheiten am
geſchickteſten ſind, einen ſiechen Menſchen aufzurichten.
Er lacht über unſern Verſtand, und heißt uns blödſinnig,
wenn er auf die Beweiſe für die Wahrheit der Religion
geführet wird. Ich ſchmeichle mir gar nicht, daß ich ſol=
che ſtarke Geiſter überführen werde. Ich bitte ſie nur,
mir zu ſagen, was in der Art, ſich durch die Religion zu
tröſten, unvernünftiges enthalten iſt.

Mentor

Mentor mag ſein Elend erzählen, und ſich nach den Grundſätzen der Religion tröſten. Sie ſollen zuhören und urtheilen, wider welch Geſetz der Vernunft er verſtößt.

Ich bin, fängt Mentor an, ſeit zehn Jahren eines der elendeſten Geſchöpfe, wenn ich auf meinen Körper, und auf die gegenwärtige Welt ſehe. Mein Leben ſcheint nichts, als ein beſtändiger Schmerz, zu ſeyn, der nur darum zuweilen durch einige Vergnügen unterbrochen wird, damit ich ihn deſto peinlicher fühlen ſoll. Dieſe Stunde bin ich geſund, und ſchöpfe neue Hoffnung zu meiner Geneſung. Kaum habe ich etwas Speiſe oder Trank zu mir genommen; kaum habe ich einen Mund voll friſcher Luft geſchöpft; kaum habe ich mich etwas bewegen wollen: ſo fühle ich ſchon die entſetzlichſte Bangigkeit. Ich ringe mit dem Athem, und ieder Zug, den ich mit der größten Beklemmung wage, macht den folgenden immer beſchwerlicher. Ich fürchte zu ſterben, und ſterbe auf dieſe Art ganze halbe Tage, und was noch betrübter iſt, ganze Nächte. Alle Hülfsmittel ſind zu nichts geſchickt, als meinem Uebel, wenn es da iſt, nur mehr Nahrung zu geben, oder ich bin wegen der Erſtickung ungeſchickt, mich ihrer zu bedienen. Mein Uebel verläßt mich von neuem einige Stunden, oder einige Tage. Aber ich fühle doch ſeine Gegenwart noch immer. Die Trägheit meines Geiſtes, die Laſt meiner erſtorbenen Glieder zeigt mir meine Plage von ferne. Ich will mich erholen. Doch, o Gott, was helfen mir die Vergnügungen des Lebens! Man bringt mir eine erquickende Speiſe, und ich zittere dabei, als ob es ein zubereitetes Gift wäre. Ich fürchte, daß nach dem Genuſſe derſelben neue Plagen entſtehen werden. Die Einbildung vergrößert meine Furcht, und die Erfahrung ſtärkt meine Einbildung. Ich will die Dü-
ſterheit

ſterheit meines Gemüths zerſtreuen. Ich laſſe zween
gute Freunde rufen. Ihre Aufrichtigkeit ſcheint mich
zu vergnügen, und in eben dem Augenblicke beleidi-
get ſie mich. Ein erlaubter Scherz, den der andere vor-
bringt, mißfällt mir, nicht deswegen, weil er nicht witzig
und artig war, nein, weil ich nicht mehr im· Stande
bin, eben dergleichen Scherz zu ſagen, oder weil mein
unmuthsvoller Geiſt eben ſo wenig die Kraft eines ſinn-
reichen Gedankens vertragen kann, als, mein Magen
die Nahrung einer ſtärkenden Speiſe. Kurz, ich wünſche, daß mich meine Freunde verlaſſen mögen. Und
ich mag hinſehen, wo ich will: ſo, ſehe ich nichts, als
neuen Vorrath zur Betrübnis. Entweder ich kann
die meiſten Güter dieſes Lebens nicht genieſſen, oder ich
genieſſe ſie mit lauter fürchterlichen Vorſtellungen, oder
ich bezahle ein kleines und kurzes Vergnügen meiſtens
mit der Reue und den Schmerzen des Leibes von· vielen
Stunden. Rührt mich wohl die Ehre? Vergnügt
mich der Reichthum? Reizt mich die Liebe? Der
Freund, die Gattinn, die zahlreiche Geſellſchaft, ein
wohlgeſchriebnes Buch, ein Scherz, ein Spiel, eine gute
Muſik, eine ſchöne Gegend, ein künſtliches Gemälde,
die beſte Mahlzeit, das geiſtigſte Getränke, die Einſam-
keit, das traurige Glück der Elenden, alles iſt mir
entweder zur Laſt, oder hat gar keine, oder doch nur
halbe und betrübte Annehmlichkeiten für mich. Der
Mangel meiner Geſundheit macht ſie für mich unbrauch-
bar. So lange man mir dieſe nicht wiedergeben kann:
ſo ſehe ich alle das übrige als ein Gut an, das mich von
meinem Unglücke nur deſto mehr überzeugen ſoll. Und
was habe ich denn nach ſo vielen Jahren für Hoffnung
zur Geneſung übrig? Wodurch ſoll mein erſtorbener

B Körper

Körper wieder aufleben? Der Arzt weist mich zur Geduld, und verbeut mir aus Sorge für meine Erhaltung
so gar meinen letzten Trost, das Denken und Nachsinnen.
Bin ich nicht der unglücklichste Mensch? Man biethe
mir die ganze Welt an. Werde ich nicht elender, ie
mehr ich das habe, was ich nicht brauchen kann? Und
ich entbehre nicht allein das Vergnügen des Lebens.
Nein, ich leide zugleich die größten Schmerzen, und sehe
keine Hülfe. Womit soll ich mich aufrichten? Damit,
daß ich ein Uebel des Leibes für kein wahres Uebel halte? Welche Einbildung! Vielleicht damit, daß ich mir
vorstelle, daß mein und der ganzen Welt ihr Schicksal
etwas unumgänglich nothwendiges ist? Wird mein
Elend leichter, weil es nothwendig ist? Warum mußte
denn ich unglücklich seyn, und warum wurden andere
glücklich? Soll ich mich vielleicht damit trösten, daß es
noch unglückseligere Geschöpfe giebt, als ich bin? Elender Trost! Hört mein Verlangen, die Gesundheit zu
besitzen, darum auf, weil andere noch ungesünder sind,
als ich? Dienet dieses nicht vielmehr zu neuer Furcht?
Kann nicht also mein eigener Schmerz noch größer werden, weil es noch größere Schmerzen giebt? Geduld!
ruft man mir zu. Durch Geduld und Standhaftigkeit vermindert man sein Leiden. Und wie erlange ich
diese Geduld, wider die alles in mir und außer mir streitet? Kömmt es wohl auf meinen Willen an? Und was
hilft mir denn ein Mittel, das ich nicht brauchen, oder
erlangen kann? Sey gutes Muths, läßt sich ein anderer hören. Das Schicksal legt dem am meisten auf,
der geschickter ist, als andere, vieles zu ertragen. Be-
denke deine Größe und tröste dich damit, daß du größer,
als andere, bist. Welche Ehre, die sich mein Herz gar
nicht

nicht wünschet! Soll ich deswegen mein Leiden hochach-
ten, weil es andere nicht würden ertragen können? Ich
frage nach der Quelle meines Unglücks; und man zeigt
mir ein unerbittliches und unveränderliches Schickſal.
Welcher fürchterliche Anblick, der geſchickt iſt, uns vollends in Verzweiflung zu ſtürzen! Ich ſuche Linderung,
und man weiſt mir Perſonen, die noch elender, als ich,
ſind. Welch ein grauſamer Troſt! Ich wollte eben
wiſſen, wie mir zu helfen wäre; und man zeigt mir, daß
mir nicht kann geholfen werden. Man nennet mir die
Geduld, als das einzige Arzneymittel. Ich ſuche es,
und kann ſeiner nicht mächtig werden. Welche elende
Hülfe! Bin ich nicht eben ſo unglücklich, als wenn keines vorhanden wäre! Stillt ſich mein Durſt, wenn man
mir ſagt, daß es in jenem Brunnen eine kühle Quelle
giebt, welche doch für mich verſchloſſen iſt? Ich will ruhig werden. Man ſagt mir, daß ein weiſer, ein tu-
gendhafter Mann glücklich ſey, es möge ihm gehen, wie
es wolle. Dein Körper geht dich nicht ſelber an. Die
Gesundheit iſt ein Gut außer dir. Die wahren Güter
beſtehen in deiner Seele. Dieſe können dir durch ein
ſieches Leben von tauſend Jahren nicht genommen werden. Und gleichwohl iſt dieſer Körper ſo unzertrennlich
mit meiner Seele verknüpft, daß dieſe alles fühlt, was
in ihm vorgeht. Und ich kann dieſes Band nicht aufheben. Iſt es denn für meine Seele nicht beſſer, wenn
mein Körper geſund iſt? Wünſcht und verlangt ſie dieſes nicht? Und! wie kann ich ein Verlangen ausrotten,
das zu meiner Natur gehört? Aber du würdeſt die
Vollkommenheit deines Geiſtes nicht ſo hoch bringen,
wenn du nicht in ſolchen Umſtänden wäreſt. Du würdeſt nicht die edle Standhaftigkeit, die göttliche Hoheit

der Seele erlangen, wenn nicht Dinge da wären, die
ſie in dir erwecken hülfen. Nehmet dieſe Dinge weg:
ſo brauche ich jene Hoheit des Geiſtes nicht. Will man
darum jemanden ungeſund machen, daß man ihn lehren
kann, wie er eine Arzney dafür ausfinden könnte? Ich
will gelaſſen werden. Man zeigt mir meine Feindinn.
Deine Einbildung, ſagt man, vergrößert dein Unglück.
Sie ſtellt dir dein Uebel eher vor, als es zugegen iſt,
und quält dich mit der Furcht. Sie ſtellt dir dein Unglück größer vor, als es iſt, und bringt dich vollends
um alle Gelaſſenheit. Was nützt mir dieſer Rath?
Ein großer Theil meines Uebels ſoll in meiner Einbildung beſtehen. Wie kann ich dieſes glauben, da ich
das Uebel wirklich ſo groß fühle, als ich mirs vorſtel-
le? Und gut, ich will es glauben, daß meine Einbildung
die Schmerzen vergrößert. Ich will ſie unterdrücken;
aber ich kann es nicht. Sie wächſt mit meinem Uebel,
und iſt eine Frucht meiner Krankheit. Bin ich nun
glücklicher, weil ich meinen Feind kenne, ohne das Vermögen zu haben, mich ſeiner zu erwehren?

Mentor hat uns ſein Elend beſchrieben. Es iſt
groß, und wir können es nicht läugnen, daß es nicht viele
ſolcher Geplagten giebt. Er hat Recht, ſich zu beklagen. Denn wer kann ein Menſch, und doch zugleich
ruhig ſeyn, wenn er das größte und liebſte Gut entbehrt, und dafür das größte Uebel zum täglichen Ge-
fährten hat? Er ſucht Troſt bey der Vernunft, bey den
Weiſen, und findet immer Einwendungen wider ihre
Vorſchläge. Er braucht ihre Troſtgründe lange Zeit,
und findet keine Linderung. Er verläßt den Rath der
Vernunft, und fragt die Offenbarung. Er wird ein
Schüler der Religion, ohne ein Verächter der Vernunft

zu werden. Er ſtellt ſich verſchiedene Wahrheiten oft
vor, und findet eine gewiſſe Beruhigung darinnen.
Er wiederholet dieſes Geſchäfte einige Zeit, und führet
ſich das bey guten Stunden zu Gemüthe, was ihm in
den böſen einen Beyſtand leiſten ſoll. Er kömmt immer
zu einer lebhaftern Ueberzeugung, und ſchmeckt endlich
eine gewiſſe Beruhigung, die, wie er ſagt, ihm ſein Lei‐
den verſüßen hülfe. Er geſteht, daß er ſie nicht immer
gleich ſtark fühle, aber daß ſie doch nie ganz von ihm
weiche, und daß er ſie durch Vorſtellungen wieder er‐
wecken könne, wenn ſie abgenommen. Er zeigt äuſſer‐
lich eine größere Gelaſſenheit als ſonſt, und ſagt, daß
er dieſes der Religion zu danken habe. Was habe ich
für Urſache, ein Mißtrauen in ſeine Aufrichtigkeit zu
ſetzen? Ich frage ihn, welches denn die Gründe der
Religion wären, mit denen er ſich tröſtete? Er ant‐
wortet mir, daß er mir einen Entwurf machen wollte,
wie es in ſeinem Verſtande ausſähe, wenn er ſich durch
die Religion aufrichtete. Ich ſollte nicht glauben, daß
er ſich die Wahrheiten allemal in der Ordnung, und in
dem Zuſammenhange vorhielte, wie er mir ſie ſagte.
Nein, er dürfte ſich oft nur eines Stücks von ſeinem
Lehrgebäude erinnern: ſo fühle er ſchon die Kraft des
ganzen Beweiſes.

Ich habe, fährt er fort, etwa ſo angefangen zu
urtheilen. Gott, du biſt das gütigſte, das liebreichſte
Weſen, das ſich nur denken läßt. Die Vernunft und
die Offenbarung ſagt mirs. Dir kann mit den Schmer‐
zen deiner Geſchöpfe nichts gedienet ſeyn. Du mußt
vielmehr ihr Vergnügen, ihr Glück wollen, weil du die
Liebe, die Güte, die Großmuth ſelbſt biſt. Dich hält
nichts auf, die Schlüſſe deiner Liebe zu vollziehen. Du

B 3   biſt

bist der Allmächtige, der mit einem Winke die Welt be-
glücken und vernichten kann. Gleichwohl erdulde ich
die größten Schmerzen, und mein Leben ist seit vielen Jahren eine Kette von Ungemach und Elend. Du
siehst mein Leiden und hilfst mir nicht. Ich untersuche
mein Herz und finde den Vorwurf nicht, daß ich mirs
selbst durch Laster zugezogen hätte. Daß ich mich aufrichtig prüfe, Herr, das weißt du. Ich schließe, daß es deine
Schickung sey, daß ich so viel dulde. Ich bin zu blöde, alle
deine weisen Absichten in ihrem Umfange einzusehen.
Allein ich sehe doch so viel, daß du nichts wollen und zu-
lassen kannst, als was das Glück deiner vernünftigen Geschöpfe befördert. Mein sieches Leben muß entweder zu
meiner, oder zur Wohlfahrt anderer dienen, oder beides
befördern sollen. Du hast meinen Geist mit einem
schmerzhaften Leibe verbunden, und hast mir doch zugleich
das Verlangen eingeprägt, von Schmerzen frey zu seyn.
Wenn ich auf die gegenwärtige Welt sehe, so streitet
das erste wider meine Wohlfahrt. Wie kann ich ohne
Gesundheit hier glücklich seyn? Aber ist dieses Leben,
ist dieser mein Körper, ist diese Welt das einzige, wozu
ich geschaffen bin? Mein unsterblicher Geist ist einer
ewigen Glückseligkeit fähig. Ich lebe hier, um mich
durch Gehorsam gegen dich eines ewigen und unwan-
delbaren Glücks theilhaftig zu machen. Auf dieses
Glück muß ich sehen, wenn ich deine Absichten erreichen
will. Du kannst mir meine Schmerzen, nicht als
Schmerzen, sondern als ein Mittel zu meiner wahren
Wohlfahrt, auflegen. Dies weis ich gewiß. Sie
müssen also, wenn ich mich allein, ohne meine übrigen
Brüder, ansehe, zu meinem ewigen Heile dienen. Wir
werden durch Wahrheit, durch Glauben, durch Tugend
und

und Gehorſam gegen dich glücklich. Würde mir nicht
vielleicht der Genuß einer völligen Geſundheit hinder-
lich an der Tugend geweſen ſeyn? Würde ich nicht
vielleicht in ganz andern Umſtänden leben, wenn mein
kranker Körper mich nicht daran verhindert hätte?
War ich nicht vielleicht nach meiner natürlichen Beſchaffenheit ſo ſinnlich, ſo empfindlich gegen die äuſſer-
lichen Dinge, daß ich nie zu einer rechten Erkänntniß
der Wahrheit gelanget ſeyn würde, wenn du mir nicht
das Vermögen entzogen hätteſt, die Güter zu genießen,
die uns an dem Gefühle der Wahrheit hindern? Würde ich nicht die Kraft der Wahrheit bald wieder verloren haben, wenn die Flüchtigkeit meines Geiſtes nicht
durch einen ſchweren Körper gehemmet worden wäre?
Würde ich meine gewaltige Liebe zum Leben, meine Begierde nach äußerlichen Gütern wohl gemäßiget haben,
wenn ich den vollkommenen Gebrauch der Geſundheit
genoſſen hätte? Du kanuteſt den Bau meines Körpers,
und die Beſchaffenheit meiner Seele. Du ſaheſt, daß
die Geſundheit, die andern ein nützliches Gut iſt, mich
an der Tugend hindern würde. Du beſchloſſeſt daher,
mir ein geringes Gut zu entziehen, weil es mit meiner
ewigen Wohlfahrt ſtritt. Kann ich mich wohl mit
Recht über dein Verfahren beſchweren? Darf ich ohne
Verwegenheit wohl fragen, warum bekam ich insbeſon-
dere die Beſchaffenheit des Leibes und Gemüthes, die
gemacht haben würde, daß ich bey dem Beſitze der Geſundheit die Tugend leichter aus den Augen geſetzet
hätte? Oder warum ließeſt du mich nicht den andern
werden, der hier geſund, und doch auch ewig glücklich
iſt? Ich Wurm, ich will mit dir rechten? Biſt du
nicht der Herr, der thun kann, was ihm wohlgefällt? Biſt
du nicht weiſe und gerecht in allen deinen Wegen? Hät-

teſt du nicht die Freyheit aller deiner vernünftigen Geſchöpfe aufheben müſſen, wenn keiner durch die Schuld
der Geburt , und durch ſeine eigene Unvorſichtigkeit
hätte ſiech werden ſollen? Genung, wenn du uns allemal
in die äußerlichen Umſtände geſetzet haſt, die für das
Glück unſerer Seele die beſten waren. Nichts läßt
mich daran zweifeln, und alles, was ich von dir denken
kann, und was mir dein Wort ſaget, befiehlt mir dieſes
zu glauben. Wenn ich alſo ſicher bin, daß ich mir mein
Leiden weder zugezogen, noch mirs durch übeles Verhalten vergrößert habe: ſo iſt es keine Strafe, ſondern
ein weiſes, obgleich bitteres Mittel, mich vollkommen
glücklich zu machen. Laß mich, o Gott, deine Güte ver-
ehren, die ſo groß iſt! Habe ich nicht Urſache, zufrieden
zu ſeyn, wenn du alles ſo mit mir ſchickeſt, daß ich den
Zweck, warum ich geſchaffen bin, deſto gewiſſer erhalte?
daß ich meinen Geiſt unendlich glücklich mache? Wir
Thoren ! Entſpringet unſere meiſte Unzufriedenheit
nicht daher, daß wir dieſes und das künftige Leben in
Gedanken trennen? Beides iſt eins. Und wenn wir
wiſſen wollen, wie glücklich oder elend wir ſind: ſo ſehen
wir nur auf das gegenwärtige kurze, und nicht auf das
immerwährende ewige Leben. Werden wir nicht auf
dieſe Art die ungerechteſten Klagen wider dich ausſchüt-
ten, wenn es uns hier ſo nicht geht, wie es unſer Herz
wünſcht? Und wer heißt uns dieſe beiden Dinge trennen? Haſt du nicht geſagt, daß denen, die tugendhaft
ſind, die dich lieben, die ſich aufrichtig bemühen, deinen
Willen zu thun, alles zum Veſten dienen ſoll? Kann dieſes etwas anders heiſſen, als daß du ihnen nichts willſt
widerfahren laſſen, was nicht zu ihrem ewigen Glücke
dienet? Herr, ich verehre deine weiſe Vorſehung. Du

handelſt

handelſt als ein Vater. Du züchtigeſt uns zu Nutze,
daß wir deine Heiligung erlangen. Deine Züchtigung
dünket uns zwar nicht Freude, ſondern Traurigkeit zu
ſeyn, aber darnach giebt ſie eine friedſame Frucht der
Gerechtigkeit denen, die dadurch geübet ſind. Was iſt
es, zwanzig, dreyßig Jahre ein ſchmerzhaftes Leben
führen, wenn man dabey gewiß ſeyn kann, daß man eine Ewigkeit ohne Schmerz in dem Beſitze der reinſten
Wolluſt zubringen wird? Mein Leiden iſt groß, aber
wie gering iſt es gegen die unendliche Herrlichkeit, die
nach deiner Güte auf mich wartet, die ich nichts weniger, als verdienet habe, die du mir aus bloßer Großmuth durch den Erlöſer der Welt ſchenkeſt? So iſt es
denn gewiß, daß ich ewig glückſelig bin? Ich fühle eine
Verſicherung, die mit einer lebendigen Ueberzeugung
begleitet iſt. Ich fühle die angenehmſte Hoffnung.
Ich ſchmecke die Kräfte des zukünftigen Lebens. Und
ich fühle, daß die Leiden des Körpers meine Seele
nicht mehr ſo ängſtigen. Ich bin elend, wenn ich meinen Leib anſehe, und ich bin glücklicher, als alles, wenn
ich meine Seele, wenn ich die Zukunft betrachte. Herr,
ich warte auf deine Verheiſſung. Iſt der Allmächtige
mein Freund, wie kann ich elend ſeyn! Wäre er nicht
meine Hülfe, was würde mir die Geſundheit, die ganze
Herrlichkeit der Welt nützen? Mit dieſer Hoffnung, die
du in meiner Seele ſtärkſt, will ich mein Leiden verringern. Der Anblick der Ewigkeit wird den Anblick meiner zeitlichen Plage erträglich und leicht machen. Durch
den Glauben überwinde ich weit. Wie viele ängſtliche
Sorgen für meine Geſundheit, für die Erhaltung meines Lebens werde ich mir künftig erſparen! Du biſt bey
mir. Ich beobachte eine vernünftige Sorgfalt, und mein

B 5 übri-

übriges Anliegen werfe ich auf dich, denn der Herr ſorget für uns. Laß mir nur deine Liebe und die wahre Furcht gegen dich, ſo bin ich glücklich.

Der Religionſpötter zeige mir das Unvernünfti=
ge in dieſem Troſte. Iſt es unvernünftig, ein gegen=
wärtiges Uebel durch die Hoffnung eines unendlichen Glücks zu beſiegen? Und iſt es unmöglich, zu dieſer Hoffnung zu gelangen? Behauptet er das Letzte, ſo frage ich ihn, ob er es verſucht hat? Spricht er nein; wie kann er es läugnen? Wenn mir ein Vernünftiger die Kraft eines gewiſſen Weines in dieſer oder jener Krankheit rühmet, habe ich wohl Recht, daran zu zweifeln, wenn ich den Wein niemals, oder nicht in gleichen Umſtänden gebraucht habe? Spricht er, er hätte ſich mit der Religion tröſten wollen, und keine Hülfe bey ihr gefunden; ſo entſtehet die Frage, ob die Schuld an der Kraft der Religion liegt, oder an ihm? Ich behaupte das Letzte. Allein es iſt hier der Ort nicht, es auszumachen. Der Spötter mag von der Göttlich=
keit der Religion denken, was er will. Ihn von ſeinem Unrechte zu überführen, will ich ſo gar annehmen, daß ſich der irre, der ſie für göttlich hält. Nun frage ich ihn, wenn dieſer Irrthum gleichwohl ſo viel Gewalt über un=
ſer Herz hat, daß er uns beruhigen kann, ob dieſer Irrthum nicht viel koſtbarer iſt, als ſeine Vernunft? Mentor hat ſich mit der Religion aufgerichtet. Der Spötter giebt zu, daß man durch einen Irrthum, den man glaubt, und der uns angenehm iſt, zu einer gröſ=
ſern Beruhigung gelangen könne, als durch die ausge=
machteſte Wahrheit, die nichts ſo angenehmes für uns hat. Wäre alſo die Religion nichts als verdeckter Irr=
thum: ſo ſehe ich doch nichts unvernünftiges bey dem,

der

der ſich damit tröſten kann. Er ſchadet ſich durch die=
ſen Troſt nichts, die Religion mag wahr oder nicht
wahr ſeyn. Er gewinnt in dieſem Leben eine Ruhe
des Herzens durch ſie, wenn ſie auch falſch iſt. Er
gewinnt mehr durch dieſen Irrthum, als durch des
Spötters Wahrheit. Iſt Mentor nun wohl un=
vernünftig zu heißen? Und müßte die Religion nicht
ſchon einer großen Hochachtung werth ſeyn, wenn ſie
auch eine menſchliche Erfindung wäre, da ſie uns
ſolche vortreffliche Dienſte thut? Höre ich mit dieſem
Leben auf: ſo habe ich mich hier doch beruhiget. Und
wenn ich nicht mehr bin, ſo kann mir meine vergebliche
Hoffnung auch nicht ſchaden. Eben ſo wie einer, der
in einem angenehmen Traume liegt, wenn er nie wie=
der erwachen ſollte, nicht wird unwillig werden können,
daß ſein Vergnügen ein Betrug geweſen iſt. Kann
endlich der Spötter mir nicht darthun, daß das un=
möglich iſt, was mir die Religion verſpricht: (und
wie könnte er dieſes?) ſo bin ich klüger, als er, daß
ich mir eine Möglichkeit zu Nutze mache, die mir
den größten Vortheil bringt, wenn ſie wahr ſeyn
ſollte, und doch auch einen großen Nutzen ſchafft,
wenn ſie gleich nicht wahr iſt. Will er läugnen, daß
wir jemals durch die Religion zu ſo einer Ueberzeu=
gung, zu ſo einer empfindlichen Hoffnung, zu ſo einer
Freudigkeit gelangen, als wir vorgeben: ſo frage ich
ihn, wie er mir eine Erfahrung abſprechen will, die ich
empfinde.

Mit denenjenigen, die die Religion in ihren Wür=
den laſſen, und doch glauben, daß die Troſtgründe der
Vernunft ſchon geſchickt ſind, einen recht ſiechen Men=
ſchen in ſeinem Unglücke aufzurichten, kann man kürzer
reden.

reden. Es kömmt alles auf zwo Fragen an. Weis die Vernunft alle die hohen Wahrheiten, die in der Offenbarung
ſind, und weis ſie ſolche, mit ſo vieler Gewißheit und Deutlichkeit, als ohne die Offenbarung? Man behaupte
das erſte oder andere, ſo macht man die Religion zu einer überflüßigen Sache. Da ſie aber ihre Göttlichkeit
zugeben: ſo können ſie dieſes nicht annehmen, und alſo
müſſen ſie zugleich mit behaupten, daß die Vernunft für
ſich die ſtarken Troſtgründe nicht hat, welche die Religion
uns an die Hand giebt. Ich glaube, daß die wenigſten
von denen, die der Vernunft ſo viele Stärke einräu-
men, es übel mit der Religion meynen. Sie ſetzen immer die Vernunft voraus, wie ſie in uns durch den Unterricht der Religion von Jugend auf iſt gebildet worden.
Kömmt es denn zur Frage: Wie viel vermag die Vernunft in dieſem oder in jenem Falle einzuſehen? ſo
trennt man die Wahrheiten ſeiner chriſtlichen Vernunft
auf eine unbehutſame Weiſe von dem, was wir die Wahrheiten der Religion nennen. Wir ſchließen dieſe meiſtens in die Grenzen der geoffenbarten Geheimniſſe
ein. Den übrigen Vorrath der Wahrheiten, den wir
in uns finden, rechnen wir, ſo wohl ſeinem Umfange als
ſeiner Ueberzeugung nach, zur Vernunft. Allein ſo
müſſen wir die Kräfte der Vernunft nicht unterſuchen.
Wir müſſen ihr Vermögen bey denenjenigen kennen ler-
nen, welche keine Offenbarung hatten. Wenn mir Sokrates, Plato, Seneka, und andere große Vernunftwei-
ſen, eben ſo hohe und eben ſo gewiſſe Troſtgründe dar-
ſtellen, als ein heiliger Paulus oder Johannes: ſo hat
es mit der Stärke der Vernunft ſeine Richtigkeit. Aber
wer kann dieſes behaupten, wenn man beider Schrif-
ten auch nur obenhin mit einander verglichen hat?

Wie

Wie zweifelt die Vernunft, wenn ſie von der Un=
ſterblichkeit der Seele einen Ausſpruch thun ſoll! Wie
viele Uneinigkeit trifft man in den Beſchreibungen des
Lebens nach dem Tode an! Jeder macht es zu dem Zuſtan=
de, der ſeiner natürlichen Gemüthsbeſchaffenheit am vor=
theilhafteſten iſt. Die größten Weiſen haben immer die
Unſterblichkeit der Seelen mehr gewünſchet, als erwieſen.
Und ſahe es mit der Gewißheit von ſolchen Troſtgründen
in den Köpfen der tiefſinnigſten Männer nicht beſſer aus,
was wird die Vernunft bey den meiſten ausrichten, die
ihren Verſtand wenig oder gar nicht zu gebrauchen wiſ=
ſen? Kann niemand läugnen, daß uns die Religion
größere Güter verheißt, als die Vernunft; daß ſie uns
endlich zu einer ſtärkern Ueberzeugung bringt, als das
Licht der Vernunft; kann er dieſes nicht läugnen: ſo iſt
es erwieſen, daß die Religion die einzigen und wahren
Troſtgründe an die Hand giebt, weil ſie, wie wir oben er=
innert haben, die ſtärkſte und lebendigſte Hoffnung in uns
erwecket, die wir als eine angenehme Empfindung der un=
angenehmen in unſern Leiden entgegen ſetzen, und uns
auf ſolche Art tröſten. Wenn ich den Seneka ſagen hö=
re, daß niemand von ſeinem Poſten ohne den Wink des
höchſten Befehlhabers gehen, daß ſich niemand das Le=
ben ſelber nehmen ſoll; und wenn ich an einem andern
Orte wieder von ihm höre, daß ein Unglücklicher, wenn
es gar nicht mehr fort wollte, doch noch den Troſt übrig
hätte, ſich das ſchmerzhafte Leben ſelber zu verkürzen: ſo
kann ich mir von ſeiner Theologie und von der Ueberzeu=
gung, die er von ſeinen Wahrheiten hat, keinen großen
Begriff machen. Iſt die Glückſeligkeit nach dem Tode
eine Belohnung der Tugendhaften; wie kann der tu=
gendhaft ſeyn, der ungehorſam iſt, der wider den Befehl

ſeines Obern handelt? Dieſes giebt Seneka ſelbſt zu.
Und er hat den Troſt nicht in ſich, daß er tugendhaft iſt,
wie kann er denn die Hoffnung haben? Iſt die Glückſeligkeit keine Belohnung der Tugend, und kann ſie der,
der ſich das Leben nimmt, und wider die Tugend in den
letzten Augenblicken handelt, doch noch erhalten, was iſt
denn für ein Troſt in der Tugend? Hat das Laſter nicht
eben ſo viel Hoffnung für ſich? Ich will durch dieſes alles
nicht der Vernunft ihre Ehre nehmen. Es gereicht ihr
nicht weiter zur Schande, daß ſie nicht ſo weit und ſo deutlich ſieht, als die Offenbarung, als in ſo weit ſie es läug-
net. Ich behaupte ferner nicht, daß die alten Weiſen
durch ihre Vernunftgründe nicht zu einiger Beruhigung
des Herzens hätten kommen können. Ich ſage nur, daß
ein Menſch, der die Religion weis, nie einen wahren und
dauerhaften Troſt ſchmecken wird, wenn er ihn nicht
durch die Religion erlangt. Er tröſte ſich mit der Vernunft ſo gut er will: ſo wird er kaum den Vortheil von
ihr haben, den ein Sokrates oder Seneka genoſſen. Sie
wußten kein ander Licht, und in ſo weit konnten ſie ruhig
ſeyn. Der Chriſt hat noch ein anders, und muß ſich das
eine Auge verbinden, um dieſes Licht nicht zu ſehen. Er
muß ſich zwingen, es für falſch und überflüßig zu halten,
damit er dem Anſehen ſeiner Vernunft aufheiſe. Allein
es bleibt ihm bey dem allen noch die verdrüßliche Möglichkeit im Wege ſtehen, daß er mit ſeiner Vernunft ir-
ren, und daß vielleicht nur in der Religion die wahre Beruhigung enthalten ſeyn könne. In ſo weit glaube ich,
daß ein Chriſt von der bloßen Vernunft den Nutzen nicht
haben kann, den diejenigen von ihr erhielten, welche die
Religion nicht kannten.

Die

Die dritte Art von Leuten, welche die Trostgründe der Religion herzlich gern für größer und stärker erklären, als die Gründe der Vernunft, und nur sagen, daß sie ihre Kraft nicht so empfinden, daß sie zu einer wahren Beruhigung kämen, scheinen mehr einen Unterricht, als eine Widerlegung zu verdienen. Wir wollen uns nach ihren Umständen richten, und die Natur der Beruhigung, die wir aus der Religion ziehen können, genauer aus einander setzen, und ihre Grenzen bestimmen.

Vor allen Dingen, was verstehen sie unter der Beruhigung, die sie hoffen? Meinen sie eine vollkommene Ruhe des Geistes, eine beständige Freudigkeit, die nie unterbrochen wird, die nie ihre trüben und heitern Stunden hat, die allezeit gleich groß ist, und niemals durch die Ankunft neuer Schmerzen geschwächt wird? Wollen sie diese von der Religion haben: so verlangen sie eben so viel, als wenn sie begehrten, daß sie die Religion zu andern Geschöpfen machen sollte. Der Trost der Schrift verringert an und für sich die Schmerzen des Leibes nicht. Schmerzen zu leiden, wird uns allemal, so lange wir Menschen sind, beschwerlich seyn. Diese bleiben wir auch, wenn wir gute Christen sind; und wir werden also bey aller Kraft der Religionswahrheiten immer noch Unlust des Gemüths fühlen, die aus dem Leiden des Körpers ihren Ursprung und ihre Nahrung nimmt. Wir sagen nur, daß diese Unruhe nicht so hoch anwachsen wird, weil ihr die freudige Empfindung des Geistes, die durch die Trostgründe der Schrift erwecket wird, und die in einer mächtigen Ueberzeugung von der göttlichen Liebe und unserm ewigen Glücke besteht, Kraft und Nahrung raubt. Wir sagen nicht, daß die Unlust unsers Gemüths, wenn sie einmal gewichen ist, nie wiederkommen wird. Wir behaupten

haupten nur, daß wir ſie durch unſere Troſtgründe wieder beſiegen werden. Wir ſagen nicht, daß das Verlangen, geſund zu ſeyn, in uns ganz erſticken werde. Dieſes iſt ein natürlicher Trieb, den die Religion nicht ausrotten, ſondern nur mäßigen will. Erlaubt uns die Religion, durch die Mittel der Arzneykunſt für unſere Erhaltung zu ſorgen: ſo billiget ſie auch die Begierde, geſund zu ſeyn, und folglich wird ſie ſolche nicht auslöſchen wollen. Wir ſagen nicht, daß uns die Liebe zu dem Leben, zu den Gütern der Welt gar nicht mehr beunruhigen werde, weil wir die Unſterblichkeit und die ewigen Güter hoffen. Wir ſagen nicht, daß wir in ſiechen Tagen die Furcht und das Schrecken des Todes ganz in uns auslöſchen, und bey der Annäherung deſſelben nicht mehr zittern werden. Dieſe Größe des Gemüths iſt unſtreitig nur ein Antheil ſehr weniger Menſchen, die mit einem hohen Maße des Geiſtes ausgerüſtet ſind. Wer alſo eine ganz vollkommene Beruhigung, eine nie unterbrochene Freudigkeit des Geiſtes, eine beſtändige Stille unſerer natürlichen Triebe, die auf die Erhaltung des Lebens, der Geſundheit und anderer zeitlichen Güter gehen, verſtehet, der hoffet mehr von der Religion, als ſie ihm verſpricht.

Die Beruhigung in unſerm Leiden kömmt aus der Vorſtellung der Religionswahrheiten. Je größer und lebendiger unſere Wiſſenſchaft und Ueberzeugung wird, deſto mehr wächſt die Beruhigung. Allein unſere Vorſtellungen des Geiſtes bleiben nicht immer auf gleiche Art helle, deutlich und vollſtändig. Sie werden durch tauſend Dinge in und außer uns geſchwächt. Wie kann denn nun die Ruhe des Herzens, welche eine Wirkung von jenen iſt, immer gleich groß, gleich empfindlich bleiben?

Die

Die sich also beschweren, daß sie die Kraft des Religionstrostes nicht genug fühlen, müssen auf diese Anmerkung wohl Acht haben. Ja, werden sie einwenden, wir verlangen keine beständige Zufriedenheit unsers Herzens in unserm Elende. Sie kann unterbrochen werden. Aber wenn fühlen wir denn eine lebendige, eine wahre Beruhigung? Und da wir diese nie merken, was hilft uns die Religion zu unserm Troste? Wir antworten, das Maaß unserer Beruhigung richtet sich nach unserem Erkenntnisse. Ist es ein Wunder, daß, wo dieses schwach und unzureichend ist, auch jene schwach und unzulänglich bleibt? Viele haben ein geringes, ein seichtes Erkenntniß der Religion. Viele verstehen die wenige Wahrheiten, die sie aus derselben gefaßt, auf eine undeutliche und verworrene Art. Viele haben, bey ihrer mittelmäßigen Einsicht in die göttlichen Wahrheiten, einen Zusatz von Irrthümern und falschen Meynungen liegen, der jener ihre Kraft hemmt oder ganz erstickt. Man darf nicht einwenden, daß gleichwohl der Geist Gottes unser Erkenntniß belebe, und daß wir bey unserer unvollkommenen Wissenschaft von der Religion, dennoch zu einer lebendigen Ueberzeugung des Verstandes kommen müßten. Es ist wahr, ein schwaches und kleines Erkenntniß kann von Gott mit einer lebendigen Ueberzeugung verknüpft werden. Aber es muß doch ein richtiges und reines Erkenntniß seyn. Wie kann Gott unsere Vorstellungen von ihm, von den Wahrheiten des Glaubens, von der Tugend, mit einer vollkommenen Ueberzeugung beleben, wenn sie an und für sich unrichtig sind? Müßte er nicht auf diese Art unsere Irrthümer stärken? Die Wahrheiten der Religionswissenschaften müssen eben sowohl mit dem Verstande gefaßt werden, als die Lehren menschlicher Künste und Wissenschaften. Gott flößt uns die Ueber-

C   zeugung

zeugung nicht unmittelbar ein. Er ſtärkt und belebt
nur das Erkenntniß mit einer höſſern Kraft, das wir uns
von ihm erworben haben, und er gehet mit uns, wie
mit vernünftigen Geſchöpfen um, die noch den Gebrauch
ihrer natürlichen Gaben behalten. Er ſchlieſſt unſere
Mühe, unſere Kräfte bey dem Erkenntniſſe der Wahrheit nicht aus, ob er uns gleich beyſtehet. Wenn wir
nun eine flüchtige Betrachtung etlicher Ausſprüche der
Schrift für die wahre Wiſſenſchaft der Religion halten;
wenn wir den geringen Vorrath von göttlichen Wahrheiten, den wir in der Jugend nur mit dem Gedächtniſſe
gefaßt und bey reifern Jahren nie erweitert, noch mit
dem Verſtande geſchärft haben, für das Erkenntniß der
Religion halten; wenn wir nur die Wörter und Namen
der Religion wiſſen, nicht aber die Begriffe, die mit
denſelben verbunden ſind; wenn wir zwar aus der
Schrift ſagen können, daß Gott barmherzig, gütig, weiſe, gerecht ſey, daß Glaube und Liebe uns ſeiner Gnade
theilhaftig machen, und doch nicht ſagen können, was
Barmherzigkeit, was Heiligkeit in Gott, was bey uns
Glaube und Liebe ſey, wenn wir dieſes alles nur dunkel,
nur unzulänglich und mit falſchen Vorſtellungen verknüpft, oder in keinem Zuſammenhange wiſſen, wie wird
unſere Seele zu einer kräftigen Ueberzeugung kommen,
und wie wird dieſe Ueberzeugung durch eine göttliche
Kraft zu einer lebendigen Gewißheit anwachſen und uns
in unſern Leiden beruhigen können! Alles dieſes ſagt
uns ſo viel, daß die Schuld, warum wir keinen wahren
Troſt aus der Religion ſchöpfen, nicht an den Gründen,
ſondern meiſtens an uns liege. Unſere Unwiſſenheit in
göttlichen Dingen, unſer unordentliches Erkenntniß,
unſere wenige Mühe, die wir auf die Religion gewandt
haben,

haben, find die Ursachen, daß wir ihre Kräfte nicht schme=
cken. Man bemühe sich also um ein richtiges und voll=
ständiges Erkenntniß von göttlichen Dingen. Man su=
che es immer zu einer größern Deutlichkeit zu bringen
und es mehr zu erweitern. Man wehre den vielen Vor=
stellungen irdischer Dinge, welche verhindern, daß sich
die Gedanken von geistlichen Dingen nie in unserm Ver=
stande recht fest setzen können. Man übe endlich die
Wahrheiten der Schrift sorgfältig aus: so werden ihre
Trostgründe uns gewiß mit einer lebendigen Hoffnung
begaben, und unser sieches Leben um ein großes erträg=
lich machen.

Endlich kann die Schuld nicht sowohl in unserm
Verstande als in unserm Herzen liegen, warum uns die
Religion in siechen Tagen entweder gar nicht, oder doch
nicht so, wie andere, beruhiget. Viele haben sich ein
gutes und gegründetes Erkenntniß derselben erworben;
aber es ist unfruchtbar geblieben, es ist nie kräftig, nie
überzeugend in ihnen geworden, weil ihr Herz, ihre Be=
gierden widerstanden, und sich niemals, oder sehr selten
nach diesem Erkenntnisse gerichtet haben. Hier müssen
wir das zu Hülfe nehmen, was wir oben von den Ursa=
chen eines siechen Lebens erinnert haben. Zwey Leute,
davon sich der eine die Schmerzen des Leibes durch ein
Leben wider die Religion zugezogen hat, der andere aber
sich eines ordentlichen und tugendhaften Wandels be=
wußt ist, werden nicht einerley Beruhigung von den
Trostgründen der Schrift zu gewarten haben. Jener,
dem sein Gewissen Vorwürfe macht, wird niemals zu
der Freudigkeit des Geistes gelangen können, welche der
andere erhält. Er wird zwar ruhig werden, er wird
sich die Verheißungen der Religion von seinem ewigen

Gleich

Glücke zueignen können. Er wird mit dem andern sich
durch den Trost aufrichten, daß sein Leiden zur Wohl=
fahrt seines Geistes abziele,weil er vielleicht ohne dasselbe
nie zu einer Kenntniß sein selbst gelanget seyn würde.
Aber wird er wohl den Gedanken aus seiner Seele ver=
bannen können, daß er sich seine Schmerzen selbst zuge=
zogen hat? Wird er nicht immer mit einem geheimen
Widerwillen gegen sich selber eingenommen bleiben?
Und wird er also so ruhig werden können, als der an=
dere, der nichts von dieser Unlust empfindet, weil er seine
Schmerzen, als eine weise Schickung Gottes, und nicht
als eine Strafe ansieht? Unsere bösen Begierden, die
wir in siechen Tagen noch in uns ernähren, stehen der
Beruhigung unsers Herzens oft so sehr im Wege, als
die Schmerzen des Leibes. Ein Mensch, der lange
Jahre den Lastern gedienet, und sich durch die Zeit die
schlimmsten Gewohnheiten im Bösen zuwege gebracht
hat, wird zwar von seinem kranken Körper gehindert, in
der Ausübung nicht mehr lasterhaft zu seyn. Aber des=
wegen sind seine Begierden noch nicht aufgehoben. Die
Lust, sich mit Weine und starkem Getränke zu überladen,
lebt immer noch in jenem, wenn ihn gleich das Podagra
davon abhält. Kurz, ein Mensch, der bey einem zwar
richtigen Erkenntnisse der Religion doch ein unartiges
Herz in seine siechen Tage hineinbringt, der in nichts als
unerlaubten und sinnlichen Dingen sein Glück gesucht
hat, wird ungeachtet seiner Wissenschaft lange Zeit brau=
chen, ehe er an den Gütern des künftigen Lebens einen
Geschmack findet. Der schlimmste Peiniger solcher sie=
chen Leute ist die Furcht des Todes. Könnte man ihnen
die Furcht benehmen, daß sie unter zehn Jahren noch
nicht sterben würden: so würden sie in ihren Schmerzen
sehr

ſehr gelaſſen werden. Wie ſollen ſie aber dieſe Furcht
beſiegen? Vielleicht dadurch, daß ſie die Liebe zum Le=
ben verringern? Und wodurch ſollen ſie dieſe, die uns ſo
natürlich iſt, vermindern? Nicht durch die Gewißheit,
daß ſie in dem künftigen Leben unendlich glücklich ſind?
Und eben dieſe Gewißheit iſt dasjenige, was ſie noch
nicht haben, was ſie ſchwer, was ſie nicht auf einmal,
was ſie ohne Veränderung des Herzens, ohne oftmalige
Ausübung der Tugend nicht werden erhalten können.
Wie können ſie alſo in ihrem ſiechen Zuſtande eine ſchleu=
nige, eine recht lebendige Beruhigung fordern? So lan=
ge ſie die Sache mit ihrem Herzen, mit ihrem Gewiſſen
nicht ausmachen; ſo lange ſie das, was die Religion
Buße heißt, nicht mit allem Eifer vornehmen und darin=
nen fortfahren; ſo lange werden ſie, ungeachtet ihres gu=
ten Unterrichts, den ſie ſich in der Religion durch ihre
Mühe erworben haben, doch in ihrem Leiden die wahre
Gelaſſenheit des Geiſtes nicht erlangen. Wie glücklich
ſind diejenigen, die den Unfällen dieſes Lebens ein gutes
Gewiſſen entgegen ſetzen können! Allein wie geringe iſt
nicht vielleicht die Anzahl ſolcher Menſchen! Und wird
alſo die Zahl der Standhaften und Getroſten unter den
Siechen wohl groß ſeyn können? Werden wir uns wohl
wundern dürfen, wenn wir einen elenden Landmann in
ſeiner finſtern Hütte, der nichts mehr weis, als die nö=
thigen Hauptſtücke der Religion, wenn wir ihn, ſage
ich, viele Jahre bey den größten Schmerzen des Leibes
und bey einem armſeligen Unterhalte gelaſſen und mit
Gott zufrieden antreffen; und hingegen einen großen Ge=
lehrten bey ſeiner Gründlichkeit in der Religion, deſſen
Schmerzen noch lange nicht ſo groß, als jenes ſeine ſind,
verzagt und troſtlos unter ſeinen Büchern finden? Jener

C 3   hat

hat von Jugend auf einen stillen und unschuldigen Wandel geführt; dieser hat das Gegentheil gethan.

Außer dem Unterschiede des Erkenntnisses in der Religion und eines guten Herzens und Gewissens, giebt es noch andere Ursachen, die da machen, daß die Trostgründe der Religion in dem einen das nicht ausrichten, was sie in dem andern wirken. Ich meine die besondere Gemüths- und Leibesbeschaffenheit der Menschen, die Verschiedenheit der Krankheiten, mit denen sie geplagt werden, um den Unterschied der äußerlichen Umstände. Wir reden hier bloß mit solchen Personen, die nicht Ursache haben, ihre Plagen des Körpers für Strafen ihrer Vergehungen zu halten.

Criton und Semnon, beide wohl unterwiesene und aufrichtige Christen, tragen sich fast seit gleicher Zeit und auf gleiche Art mit beschwerlichen Leibeszufällen, die durch keine Arzneymittel gehoben werden können. So gleich sie sonst einander sind; so ungleich sind sie einander in Ansehung ihrer Gelassenheit. Criton preiset den Herrn unter der Last, die ihn drücket, und wartet mit unerschrockenem Muthe auf die Auflösung seines Leibes. Er braucht wenig Trost. Er wünscht der Schmerzen los zu seyn, aber nur in so weit, als es dem Herrn gefällt, der alles weise und heilig ordnet. Semnon, der Gott eben so aufrichtig fürchtet, zeiget weniger Standhaftigkeit. Er klaget und weinet, wenn seine elenden Stunden und Nächte kommen, und zittert in seinen Nöthen. Er weis gewiß, daß ihm Gott nicht mehr auflegt, als ein barmherziger Gott thun kann. Er weis, daß ihn eine unendliche Herrlichkeit seiner wartet. Allein er ist von Natur empfindlicher und von Natur furchtsamer, als Criton. Er liebet das Leben, weil er die Marter

ter des Todes ſcheut. Er ſieht den Tod als ſeine Erlö-
ſung an; allein ſein weiches Herz erzittert vor den Vorbothen deſſelben. Der Anblick eines Sterbenden ſetzet
ſein ganzes Herz in Aufruhr. Criton bleibt bey dem
Todbette ſeines Freundes noch geſetzt, und kann ihm bey-
ſtehen. Semnon verliert Sprache und Empfindung.
Wird es möglich ſeyn, da beyde von Natur ſo ſehr unter-
ſchieden ſind, daß die Religionsgründe in beiden einerley Wirkung hervorbringen ſollten? Hat Semnon deswegen keine lebendige Hoffnung, weil er Critons Standhaftigkeit nicht an ſich merken läßt? Murrt er deswegen
wider die Schickung Gottes, weil er noch klagt und
winſelt? Er iſt bereit, ſein Leiden zu tragen und das Leben aufzugeben. Dieſes iſt die Kraft der Religion. Er
zittert, indem er dieſe Bereitſchaft fühlt. Dieſes iſt ein
Antheil ſeiner natürlichen Beſchaffenheit, die durch die
Religion nicht aufgehoben wird. Zween Helden wagen
ſich beide in den Kampf. Den einen macht die Liebe
zum Ruhme ganz unempfindlich gegen das Schrecken
des Todes. Der andere ſieht bey dem Anblicke der
Lorbern zugleich die blutige Gefahr, in die er ſich waget.
Er fühlet einen beſchwerlichen Widerſtand. Allein er
ſtreitet bey ſeinem blaſſen Geſichte doch tapfer und mu-
thig. Wird man ihn deswegen für keinen Helden halten, den die Begierde ſeine Schuldigkeit zu thun, und
der Ruhm des Siegs beleben?

Setzet man zu der Verſchiedenheit der Gemüths-
arten noch die Verſchiedenheit der Schmerzen hinzu,
die dieſer oder jener empfindet: ſo muß die Beruhigung
noch ungleicher werden. Es giebt gewiſſe Leibesbe-
ſchwerden, welche die Seele mehr angreifen, als andere.
Ein elender Hypochondriſt, der bey einem bangen Ge-

    fühle

fühle in ſeinem Körper nie recht zu einer völligen Freyheit ſeines Geiſtes gelangen kann; der ſich wider ſeinen
Willen mit traurigen Vorſtellungen herumträgt, die
durch eine verderbte Einbildung unterhalten werden,
wird durch alle Gründe der Religion nie zu der Ruhe
gelangen, zu der ein anderer kömmt, der nur an dieſem
oder jenem Theile des Leibes angegriffen wird, ohne daß
die Nerven, durch welche unſere Lebensgeiſter wirken, ge-
waltſam leiden. Es glebt ferner in ſiechen Stunden
ſo heftige Schmerzen, welche unſere Seele zu gar keiner
deutlichen Vorſtellung kommen laſſen. Wer in dieſen
Stunden, gegen einen andern ſiechen Menſchen gehal-
ten, troſtlos ſcheint, kann deswegen noch ſehr ſtandhaft
heißen. Eben ſo wie einer, der in einer Ohnmacht liegt,
doch das Leben noch hat, ob man gleich die ordentlichen
Zeichen deſſelben nicht mehr wahrnimmt. Man kann ſich
ſolche Fälle leicht ſelber erdenken.

Auch die äußerlichen Umſtände können machen, daß
unſere Troſtgründe hie mehr, dort weniger Ruhe nach
ſich ziehen, ohne daß die Schuld an ihrer innerlichen
Kraft liegt. Wer nicht allein mit den Schmerzen des
Leibes, ſondern auch mit Mangel und Dürftigkeit zu
ſtreiten hat; wer, weil er ſiech iſt, zugleich die Seinen
dürftig und kummervoll ſieht; wer wenig Hülfe von
Freunden, wenig Wartung, wenig Bequemlichkeit genießt, wenig ſtärkende Mittel, wenig gute Arzneyen
brauchen kann, der muß mit einem andern nicht verglichen werden, bey dem alle dieſe Dinge nicht ſind. Wer
durch die Bande der Natur und Zärtlichkeit mit edlen
Freunden, mit einer liebenswürdigen Gattinn, mit
wohlgerathenen Kindern verknüpft iſt, wird ſich ſchwe-
rer von der Liebe zum Leben loßmachen, und alſo nicht

ſo bald, oder ſo ſehr beruhiget werden können, als einer,
der wenig an die Welt gebunden iſt.

Indeſſen kommen doch alle ſieche Perſonen darin:
nen überein, daß ſie die Liebe zum Leben verringern müſ:
ſen, wenn ſie ruhig werden wollen. Sie ſehen alle auf
gewiſſe Weiſe den Tod vor ſich, und ſie fürchten ihn ſo
lange, als ſie zu leben wünſchen. Ihre Leibesſchmer:
zen werden durch dieſe traurige Furcht oft vermehrt, oft
unterhalten. Und bey vielen würde doch die Munter:
keit des Geiſtes eine Wirkung in den Säften des Kör:
pers hervorbringen, welche alle Arzneyen nicht ſchaffen.
Die Liebe zu dem Leben läßt ſich durch nichts anders,
als durch die Hoffnung eines viel größern und dauer:
haftern Gutes, durch das künftige Leben, beſiegen. Die
Vernunft kann kein kräftiger Mittel erſinnen, als die:
ſes iſt, das uns die Offenbarung vorſchlägt. Und man
entſchließe ſich kurz, entweder nie ruhig bey ſeinen Pla:
gen zu werden, oder ſich dieſes Mittels zu bedienen. Es
iſt kein anderer Weg, dieſe Hoffnung entweder zu erhal:
ten, oder, wenn man ſie hat, in ſich zu verſtärken, als der
Weg der Religion.

Und ich weis nicht, wie es möglich iſt, das man ſich
von der Vortrefflichkeit derſelben nicht überzeugen kann,
da es an und für ſich ſo leicht iſt. Zeigt ſie die Mittel,
wie man hier ruhig und zugleich ewig glücklich werden
kann, was kann denn vortrefflichers erdacht werden?
Was kann unſerer Liebe, unſerer Hochachtung, unſers
Gehorſams würdiger ſeyn, als eine ſolche Anweiſung,
die ſo genau mit dem Wunſche aller Menſchen über:
einſtimmt!

Wenn uns die Religion die Liebe zum Leben un:
terdrücken hieße, blos um uns unempfindlich zu machen:

ſo wäre ſie etwas grauſames. Allein ſie will uns ſolche
nur in ſo weit benehmen, als ſie uns an der Zufriedenheit hindert. Wir müſſen ſterben, dieſes iſt gewiß.
Wir wollen gern leben. Dieſes iſt eben ſo gewiß.
Beides ſtehet einander im Wege. Das erſte kann
nicht geändert werden. Alſo muß das andere, das
Verlangen zum Leben gemindert werden, wenn wir nicht
alle Augenblicke in Furcht und Unruhe ſtehen wollen.
Dieſes iſt die Abſicht der Religion. Wie weiſe führt
ſie ſolche aus! Sie zeigt uns, daß dieſes flüchtige Leben gar nicht das größte Gut ſey, daß noch ein weit
herrlicher Leben auf uns warte. Zu dieſem erweckt ſie
unſere Hoffnungen unter gewiſſen Bedingungen, und begleitet dieſe Hoffnung mit einer Ueberzeung des Geiſtes, die ſo gewiß iſt, als das Zeugniß der äußerlichen
Sinne. Durch dieſe Hoffnung ſchwächt ſie unſere Liebe zu dieſem Leben, und alſo auch unſere Begierden nach
den Gütern, die dieſes Leben koſtbar machen. Sie be-
nimmt uns tauſend nagende Sorgen, tauſend unruhige
Vorſtellungen, tauſend vergebliche Bemühungen und
Laſten, indem ſie uns der Liebe zum Leben entzieht. Sie
belohnet uns für dieſe Einbuße mit dem Vorſchmacke
eines viel herrlichern Glücks. Sie vermindert die Furcht
vor dem Tode, indem ſie uns ihn von ſeiner angenehmen Seite zeigt, und uns ihn, als einen nothwendigen
Beförderer, und nicht als einen Störer unſers Glücks
vorſtellet. Der muß die Natur des menſchlichen Herzens, und die Kraft der Religion gar nicht kennen, wer
ſich ohne ſie einen wahren Troſt in den Plagen des
menſchlichen Lebens verſprechen will.

Es iſt alles gut, werden viele von den Elenden ſagen, wenn wir nur auch dieſe Hoffnung, dieſe lebendige
Vor-

Vorſtellungen der künftigen Glückſeligkeit recht in un=
ſer Herz bringen könnten. Iſt dieſe Hoffnung nicht
eben das, was die Schrift den Glauben nennt, und iſt
der Glaube nicht ein Geſchenk Gottes? Iſt dieſes der
ganze Einwurf: ſo iſt er bald gehoben. Gott erweckt,
Gott belebt dieſe Hoffnung in unſerm Herzen; aber
nicht durch Wunder, nicht durch eine unmittelbare
Eingebung, nicht wider unſern Willen. So viel iſt
gewiß, je mehr wir uns bemühen, ſie zu überkommen,
deſtomehr werden wir ſie erhalten. Je weniger wir
es uns angelegen ſeyn laſſen, ſie in unſere Gewalt zu
bringen, deſto weniger wird ſie uns Gott geben können.
Haben wir einen richtigen Begriff von der Güte Gottes:
ſo können wir nicht zweifeln, daß er bereit ſey, uns die=
ſe Hoffnung ſo bald zu ſchenken, als er kann. Er kann
aber nicht eher, als bis wir die natürlichen Kräfte des
Verſtandes und Willens anwenden, alles aus dem We=
ge zu räumen, was uns an der Erhaltung dieſer Hoff=
nung hindert, und alles das zu thun, wodurch ſie uns zu
Theil werden kann. Was darf uns das beunruhigen,
daß die Hoffnung, von der wir reden, ein Geſchenke Got=
tes iſt? Haben wir nicht mit dem liebreichſten, mit dem
gerechteſten Weſen zu thun, das von keinen menſchlichen
Abſichten in der Austheilung dieſes Geſchenks aufge=
halten wird, das ſeine Glückſeligkeit darinne ſucht, ſeine
Geſchöpfe glücklich zu machen, wenn ſie nur ihr Glück
von ſeinen Händen annehmen wollen? Dem es keine
Mühe koſtet, uns dieſes Geſchenk zu überliefern? Aber
ich thue alles, ſpricht Theokles, was ein vernünftiger
nach der Offenbarung anwenden ſoll, ſich dieſen Schatz
zu erwerben. Es ſind nicht Tage, nicht Monate, es ſind
Jahre verſtrichen, daß ich dieſer Beſchäftigung, mich in
mei=

meinem Elende durch die Hoffnung der Ewigkeit aufzurichten, aufrichtig nachgehangen habe. Und gleichwohl fühle ich ihre Gegenwart nicht. Ist kein Betrug
in diesem Bekenntnisse: so ist Theokles seiner Hoffnung
näher, als er glaubt. Sie bricht eben so wenig auf einmal an, als der Tag. Sie wächst, ohne daß wir ihren
Anwachs stuffenweise merken; aber wenn sie zu der
nöthigen Höhe gelanget ist: so werden wir ihre Gegenwart eben so gewiß fühlen, als wir um die Mittagszeit
die volle Wärme der Sonne empfinden, ob wir ihre Annäherung gleich nicht den Graden nach deutlich verspü-
ret haben. Allein kann mir Gott den Genuß dieser
Hoffnung nicht ungeachtet aller meiner Bemühung aus
gerechten Absichten zurück halten? Ja, aber bloß deswegen, damit du sie desto höher schätzen, und wenn du
sie bekömmst, sie desto sorgfältiger bewahren sollst, je
länger und stärker du nach ihr verlanget hast. Kurz,
wenn die Schuld nicht an dir liegt: so kann Gott nichts
abhalten, dir sie itzt nicht zu schenken, als seine Güte
und dein Glück. Meynet es wohl ein Regent mit seinem Unterthan übel, wenn er ihm die Freyheit, um die
er heute bittet, erstlich nach einigen Jahren schenkt,
weil er zum voraus sieht, daß er, wenn er die Knecht-
schaft weniger gefühlt hätte, die Freyheit mit Verlust
seines Lebens mißbrauchen würde? Aber wo weis ich
denn, ob ich mich zu dieser Hoffnung nicht selbst durch
mein Verhalten untüchtig gemacht habe? Ob es nicht
schon zu spät ist, sie zu überkommen? Ob Gott noch bereit ist, sie mir zu schenken? Ich antwortete, aus eben
denen Unruhen kannst du es wissen, die du fühlest, welche,
wie die Dämmerung vor dem Tage, vorher zu gehen
pflegen. Du mußt erst unruhig werden, ehe du ruhig seyn
kannst.

kannſt. Und wenn dieſe Unruhe mit einer aufrichtigen und kräftigen Begierde verbunden iſt, alles das zu thun, was die Religion gebeut: ſo iſt ſie keine Wirkung des natürlichen Triebes, glücklich zu ſeyn, der uns auch ohne Glauben und Liebe zu äußerlich guten Thaten antreiben kann, ſondern eine Frucht der Religion, und alſo ein Pfand deiner Hoffnung, die, wo nicht eher, doch gewiß mit der Annäherung des Todes ſtärker von dir gefühlet werden wird.

Ja, wendet man ein, wie kann ich denn bey meinem ſiechen Leben das thun, was die Religion gebeut? Gehört zu der Ausübung ſolcher heiligen Pflichten nicht ein heiterer und unbeſchwerter Geiſt, und ein geſunder und brauchbarer Körper? Wie kann ich alſo durch meine Tugend meine Hoffnung ſtärken, da ich wenig Gelegenheit zur Tugend mehr habe? Wie kann ich andern nützlich ſeyn, andern dienen, da ich ihnen und mir vielmehr zur Laſt bin? Iſt deine verdorbene Geſundheit keine Folge deiner Vergehungen: ſo iſt dieſer Einwurf ſchwach. Es iſt eben ſo viel, als wenn dir Gott nicht mehr Kräfte gegeben hätte. Folglich wird er auch keinen höhern Gebrauch von dir fordern, als dieſe Kräfte verlangen. Man wende ſie nur aufrichtig an: ſo kann man ſo tugendhaft ſeyn, als ein Geſunder. Niemand iſt ſo ſiech, daß er nicht gewiſſe Stunden und Tage frey von ſeiner Plage wäre. Man gebrauche dieſe Stunden zu ſeinem und anderer Beſten: ſo wird man die heiligſten Pflichten noch ausüben können. Das ſind nicht allemal die größten Tugenden, die groß in die Augen fallen, und die Mühe verrathen, die ſie gekoſtet haben. Man kann großen Bedienungen mit aller Sorgfalt vorſtehen; man kann den Freunden, dem

Mäch-

Nächſten, der Republik große Dienſte, und doch in der
That nichts thun, als ſeiner Ehrbegierde, ſeiner Geld=
ſucht und ſeinen übrigen Begierden dienen. Hingegen
kann man in einem kleinen Bezirke, unter wenig Men=
ſchen, die nützlichſten Geſchäfte vornehmen, und die
edelſte Tugend ausüben, ob man gleich, nach der Spra=
che der Welt, unnütze und müßig zu ſeyn ſcheint. Ein
ſiecher Menſch mag auf ſich oder andere ſehen: ſo wird
es ihm nie an Gelegenheit zur Tugend fehlen. Will er
ſeinen Verſtand, will er ſeinen Willen verbeſſern: ſo
wird er ſich die guten Augenblicke durch Nachdenken,
durch das leſen guter Bücher zu Nutze machen. Wer
hat mehr Gelegenheit, als er, ſich von der Flüchtigkeit,
von der Eitelkeit, von dem geringen Werthe aller der Gü=
ter zu überzeugen, die uns ſo vielen unnöthigen Schweiß
auspreſſen, ſo viel ſchlafloſe Nächte koſten, ſo viele un=
erlaubte Thaten abzwingen, und zehn neue Begierden
in uns erwecken, wenn ſie eine befriediget haben? Und
wer kann ſein wahres Glück beſſer befördern, als derje=
nige, der das Scheinglück recht kennt? Kann man ſei=
nen Geiſt nicht über die ſichtbaren Dinge erheben, wenn
man gleich nicht vollkommen geſund iſt? Kann man ſich
keine hohen Bilder von der Größe des Schöpfers, von
der liebe des Erlöſers machen, die uns antrieben, im
Herzen ihm ähnlich zu werden. Hat ein Siecher in ſei=
nem entkräfteten Herzen keine Feinde, keinen Neid, kei=
nen Stolz, keine Eigenliebe, keinen Haß, keine Unver=
ſöhnlichkeit, kein mürriſches und unfreundliches Weſen
zu beſtreiten? Hat er keine Gelegenheit zu den Tugenden
der Geduld und Gelaſſenheit? Kann er nicht noch keuſch,
nicht noch mäßig, nicht noch demüthig ſeyn? Kann er
das Vertrauen auf die Hülfe der Allmacht nicht in ſich

ver=

vermehren? Kann er mit einem Worte die Liebe zu Gott,
die Mutter aller wahren Tugenden, nicht in ſich verſtärken? Und wenn er alles dieſes kann, wird er wohl ver-
gebens auch in Anſehung anderer Menſchen leben?
Wird er ſie nicht ſchon durch ſein Beyſpiel unterrichten
und verbeſſern? Würden viele, die um ihn leben, wohl
zu mancher ernſthaften Betrachtung kommen, wenn ſie
nicht ſeine Geduld ſähen, und nicht bey ſeinem Elende
an die Ankunft ihres eignen dächten? Kann ich, wenn
ich ſiech bin, nicht andern noch guten Rath geben, wie
ſie ihre innerliche und äußerliche Wohlfahrt befeſtigen
ſollen? Kann ich mir die Auferziehung eines jungen An-
verwandten nicht angelegen ſeyn laſſen? Und leiſte ich
der Republik keinen wichtigen Dienſt, wenn ich ihn
durch Wahrheit und Tugend zu einem nützlichen Mit-
gliede derſelben mache? Muß man denn allemal ein
öffentliches Amt verwalten können, wenn man nützliche
Thaten verrichten will? Wie viel Pflichten giebt es in
unſern Häuſern, die wir, als Väter, als Lehrer, als An-
verwandte, als Menſchenfreunde ausüben können, wenn
gleich unſere Geſundheit nicht die beſte iſt? Und wer
wird mehr Eifer zu dieſen Pflichten fühlen können, als
eben derjenige, der durch die Vorbothen des Todes oft
erinnert wird, etwas gutes nicht aufzuſchieben? Kann
ich, wenn ich Vermögen habe, nicht liebreiche Anſtalten
machen, die Noth und den Unterhalt der andern zu er-
leichtern? Kann ich nicht, wenn ich keines habe, doch
andern mit meinem Anſehn, mit meinen Vorbitten
dienen, und mich in meinen begüterten Verwandten
zum unbekannten Wohlthäter manches Elenden machen? Wie kann man ſich alſo beklagen, daß man bey
dem Verluſte der Geſundheit nicht mehr im Stande
wäre,

wäre, etwas gutes zu ſtiften, oder Tugenden auszuüben?
Man ſorge nur für den guten Willen. An Gelegenhei=
ten wird es uns bis auf den letzten Augenblick nicht man=
geln. Und ſelbſt durch unſern gelaſſenen und freudigen
Tod werden wir uns die Umſtehenden noch verbinden,
und ihre Herzen auf viele Jahre noch rühren können,
mit Ernſt an dieſes wichtige Geſchäfte zu denken. Wer
alſo in ſeinen geſunden Tagen nachläßig und unordent=
lich gewandelt, hat noch Gelegenheit das verſäumte auf
andere Weiſe gut zu machen. Und wer tugendhaft ge=
lebt hat, ehe er ſiech geworden iſt, wird nicht verhindert,
es ſo gut zu ſeyn, als ein Kranker es ſeyn kann. Will
man nun ſeine Hoffnung, ſeine Freudigkeit, ſeine Gelaſ=
ſenheit ſtärken: ſo iſt keine beſſere Nahrung dazu, als
die Ausübung der Tugend, die, wenn ſie mit redlicher
Abſicht erfüllet wird, etwas ſüßes in unſerm Herzen
zurückläßt, das ſich mit der Hoffnung der künftigen
Glückſeligkeit vortrefflich vereiniget. Und niemand
mache ſich Rechnung auf dieſe Beruhigung, der den
Rath der Religion in ſeinen ſiechen Tagen nicht hört.
Wie glücklich ſind endlich diejenigen, die ſich bey ge=
ſunden Jahren ſchon um die Ruhe des Geiſtes bemü=
hen, die ihnen unentbehrlich iſt, wenn ſie um das lieb=
ſte Gut der Welt, um ihre Geſundheit, kommen ſollen!